Genussmomente

GENIAL KOCHEN

MIT DEM THERMOMIX®

**EIN BUCH DER
EDITION MICHAEL FISCHER**

INHALTS-VERZEICHNIS

GRUNDLAGEN

GRUNDLAGEN

MEINE MASCHINE & ICH

Mit Ihrer Thermo-Küchenmaschine haben Sie einen Assistenten in der Küche, dessen Vielseitigkeit Sie natürlich längst kennen. Rühren, Kneten, Wiegen, Dämpfen – kaum eine Disziplin, die Ihre Wundermaschine nicht beherrscht. Und so gehört das Kochen mit dem Alleskönner für viele inzwischen zum Alltag.

Dieses Buch soll dazu beitragen, das Potenzial Ihrer Thermo-Maschine voll und ganz zu nutzen. Es unterstützt Sie dabei, sich ohne viel Aufwand abwechslungsreich und gesund zu ernähren. Nicht mehr und nicht weniger.

GESUND & SAISONAL

Das Kochen mit einer Thermo-Küchenmaschine ist meist per se eine gesunde Sache. Lebensmittel werden durch genaue Zeit- und Temperaturangaben punktgenau und perfekt gegart, und durch die Zubereitung im Dämpfaufsatz bleiben Nährstoffe bestmöglich erhalten.

Bei der Auswahl der Zutaten im Supermarkt oder beim Metzger um die Ecke haben Sie allerdings selbst die Zügel in der Hand. Natürlich muss nicht immer alles bio sein. Achten Sie jedoch darauf, möglichst Zutaten aus Ihrer Region zu verwenden, die gerade Saison haben.

Die Gründe dafür liegen auf der Hand: Sie schmecken besser, sind bezahlbar und mussten nicht um die halbe Welt fliegen.

Überteuertes, geschmacksneutrales Gemüse oder Obst hat auf einem gesunden und leckeren Speiseplan nichts verloren. Eigentlich auch ganz einfach.

SEIEN SIE KREATIV

Man muss sich nicht immer akribisch an die Vorgaben in Kochrezepten halten. Wenn Sie eine bestimmte Zutat nicht mögen oder vorrätig haben, muss das nicht bedeuten, dass das Gericht gleich durchs Raster fällt. Etwas wegzulassen, hinzuzufügen oder anders zu machen, gehört seit jeher zum Kochen und Werkeln in der Küche. Und wenn Sie sich nicht gerade zu den absoluten Kochanfängern zählen, halten Sie es mit diesem Buch genauso.

Ersetzen Sie Koriander durch Petersilie, Kuhmilch durch Soja- oder Mandelmilch oder verwenden Sie statt normaler Nudeln einfach glutenfreie oder Nudeln aus Vollkorn. Trauen Sie sich, kreativ zu sein, kombinieren Sie die Rezepte nach eigenem Gusto und zaubern Sie Ihre eigenen Drei-Gänge-Menüs. Mit diesem Buch gelingt Ihnen das spielend.

PORTIONSANGABEN

Gute Esser, schlechte Esser, große Esser, kleine Esser – gar nicht so leicht, hier immer exakt die Menge der Zutaten zu definieren. Und auch Thermo-Küchenmaschinen haben durch ihre Bauart natürliche Kapazitätsgrenzen.

Die Angaben in den Rezepten sollten aber in der Regel für vier normale Esser reichen. Und wenn es beim nächsten Mal etwas mehr sein darf, rechnen Sie die Rezepte einfach hoch oder kochen Sie in mehreren Etappen.

APROPOS VORAUSGESETZT

Salz, Pfeffer und Wasser werden in diesem Buch nicht explizit als Zutat oder mit Gewichtsangabe aufgeführt, weil jeder sie im Haus hat. Und Hilfsmittel wie Nudelholz, Ravioli-Ausstecher oder Backformen lassen sich meistens ersetzen – eine Flasche, ein umgedrehtes Glas oder eine feuerfeste Schüssel tun's im Grunde genauso. Frei nach dem Motto „Der Zweck heiligt die Mittel" ist (fast) alles erlaubt, was zum gewünschten Ergebnis führt.

Das gilt auch beim Vereinfachen bestimmter Koch- und Zubereitungsschritte. Das Zerkleinern von Kräutern, Nüssen oder (Parmesan-) Käse erledigt Ihre Thermo-Küchenmaschine sicher im Handumdrehen. Wenn Sie allerdings das Gefühl haben, dass es mit dem Messer

oder der Käsereibe genauso schnell oder unkomplizierter geht, kein Problem.

Das Gleiche gilt für das Kochen von Nudeln, Reis oder Hülsenfrüchten, die Sie ebenso gut klassisch im Topf zubereiten können. Machen Sie's sich einfach. In jeder Hinsicht.

Dann werden Sie viel Spaß an diesem Buch haben und es vielleicht genauso oft nutzen wie Ihre Thermo-Küchenmaschine selbst.

TIPPS & TRICKS

1. Wie püriere ich kleine Mengen?

Wenn Sie eine sehr kleine Menge, bis 200 g, pürieren möchten, geben Sie das Gut in den Mixtopf und setzen Sie den Gareinsatz ein. Pürieren Sie nun bis maximal Stufe 8.

2. Wie wird der Mixtopf schnell ganz trocken?

Beim Mahlen von Gewürzen, Zucker und Körnern, Zerkleinern von Knoblauchzehen etc. muss der Mixtopf richtig trocken sein. Trocknen Sie den gespülten Topf grob, setzen Sie ihn wieder ein, verschließen Sie ihn, stellen Sie den Regler für 5 Sekunden auf Stufe 10, dann trocknen Sie Ihren Mixtopf noch einmal mit dem Handtuch nach.

3. Wie vaporisiere ich Gegenstände im Thermomix?

Geben Sie 500 g Wasser in den Mixtopf. Deckel und Marmeladengläser mit der Öffnung nach unten, Babyflaschen und Schnuller schräg mit der Öffnung nach unten, in den Varoma geben und 25 Minuten/Varoma/Stufe 2 vaporisieren, danach auf einem sauberen Küchentuch trocknen lassen.

4. Wie bekomme ich Verfärbungen aus dem Deckel und dem Rühraufsatz wieder weg?

Ist der Rühraufsatz durch Currypulver, Kurkuma etc. verfärbt, legen Sie ihn ins Sonnenlicht. Die Verfärbungen verschwinden dann ganz schnell.

5. Was kann ich tun, wenn meine Suppe etwas zu dünn geraten ist?

Streuen Sie 1–2 EL Kartoffelpüreeflocken oder 1 EL Weichweizengrieß in die Suppe und verrühren Sie diese im Rückwärtslauf.

6. Ich habe meine Brühe versalzen, was nun?

Geben Sie 2 rohe ungeschälte, gewaschene Kartoffeln in Scheiben in die Brühe und kochen Sie die Suppe bei 100 °C im Linkslauf/Sanftrührstufe noch einmal kurz auf. Lassen Sie die Kartoffelscheiben 15 Minuten in der Brühe ziehen und entfernen Sie diese dann.

7. Wie kann ich dafür sorgen, dass bei empfindlichem Gemüse die Nährstoffe erhalten bleiben?

Putzen Sie das Gemüse erst kurz vor der Zubereitung. Spülen Sie es kurz und gründlich und vor allen Dingen erst unmittelbar vor der Zerkleinerung unter kaltem Wasser ab.

8. Hefeteig aus dem Mixtopf lösen

Bevor Sie den Teig entnehmen, geben Sie 1 EL Mehl durch die Deckelöffnung und lassen Sie den Thermomix noch einmal kurz auf der Teigknetstufe laufen, bis Sie hören, dass sich der Teig vom Rand gelöst hat.

9. Käse reiben ohne Kleben?

Spülen Sie den Mixtopf mit kaltem Wasser durch und lassen Sie ihn innen leicht feucht. Geben Sie nun den in Stücke geschnittenen Käse in den Mixtopf und zerkleinern Sie ihn.

10. Mixtopf reinigen

Von Zeit zu Zeit hat der Mixtopf eine intensivere Reinigung nötig. Nachdem Sie ihn vorgespült haben, geben Sie 1–2 EL Natron und einen Spritzer Spülmittel in den feuchten Mixtopf. Mit einem feuchten Schwamm verreiben Sie alles ordentlich und lassen die Paste etwa 1/2–1 Stunde einwirken. Anschließend mit warmem Wasser fertig spülen, bei angebrannten Resten müssen Sie eventuell noch ein wenig schrubben.

REZEPTE

BROKKOLI-
cremesuppe

FÜR 4 PORTIONEN

- 500 g Brokkoli
- 2 TL Gemüsebrühe (Pulver)
- 50 g Kräuterschmelzkäse
- 50 g Sahne
- 2 Eigelb
- frisch geriebene Muskat- nuss
- 1 TL Salz

SO GEHT'S

1 Brokkoli waschen, in Röschen teilen, den dicken Strunk schälen, in kleine Stücke schneiden. Alles in den Mixtopf geben und 4 Sekunden/Stufe 4 zerkleinern.

2 700 g Wasser hinzuwiegen, Gemüsebrühe dazugeben und 15 Minuten/100 °C/Stufe 1 kochen, dann 30 Sekunden/Stufe 6 pürieren.

3 Kräuterschmelzkäse, Sahne, Eigelb, Muskatnuss und 1 TL Salz dazugeben, 3 Minuten/80 °C/Stufe 2 erhitzen. 15 Sekunden/Stufe 10 aufschäumen.

TIPP

Wenn Sie aus dieser Suppe ein sättigendes Mittagessen zaubern möchten, geben Sie 500 g Tortellini aus dem Kühlregal in den Varoma ein und setzen ihn bei Schritt 2 auf den Mixtopf auf. Die Tortellini in der Suppe servieren.

Herzhafte
BLÄTTERTEIG
Löffelchen

FÜR 20 LÖFFEL

- 20 g Parmesan
- 1 Knoblauchzehe
- 20 g Basilikumblätter
- 40 g Cashewkerne
- 30 g Olivenöl
- Salz
- 10 Kirschtomaten
- 1 ½ Rollen Blätterteig (Kühlregal)
- 10 Kirschtomaten

Außerdem

- Alufolie

SO GEHT'S

1 Parmesan in den Mixtopf geben, 10 Sekunden/Stufe 10 zerkleinern und umfüllen. Knoblauch schälen, mit 15 g Basilikum in den Mixtopf geben und 3 Sekunden/Stufe 8 zerkleinern, Cashewkerne hinzugeben und 6 Sekunden/Stufe 10 mahlen, mit dem Spatel nach unten schieben und nochmals 4 Sekunden/Stufe 10 zerkleinern. Parmesan, Olivenöl und 1 Prise Salz hinzugeben und 10 Sekunden/Stufe 3 verrühren.

2 Blätterteig ausrollen, einen Esslöffel auf den Teig legen und mit einem spitzen Messer die Konturen nachzeichnen, den Stiel nur halb so lang nachzeichnen. Diesen Vorgang wiederholen, bis der Blätterteig aufgebraucht ist.

3 2 Stück Alufolie, die jeweils so lang sind wie das Backblech breit, auf der gesamten Länge zusammenknüllen, sodass je eine lange Wurst entsteht. Diese auf ein mit Backpapier ausgelegtes Backblech legen. Die Teig-Löffel auf das Backblech geben und zwar so, dass der Löffelstiel auf der Alufolie liegt, das gibt ihm die geschwungene Form.

4 Backofen auf 180 °C (Ober-/Unterhitze) vorheizen. Pesto auf die Löffel geben und mit einer halben Kirschtomate belegen. Löffelchen im heißen Backofen (Mitte) 25 Minuten goldbraun backen. Mit restlichem Basilikum garnieren und servieren.

TIPP

Diese außergewöhnlichen Teiglöffelchen können Sie wunderbar bei Ihrem Fingerfoodbuffet verwenden oder als Mitbringsel verschenken. Sie sind herzhaft, schnell gemacht und sehen schön aus!

QUICHE
mit grünem Spargel

FÜR 1 QUICHE

Für den Teig

– 100 g Butter

– 250 g Mehl (Type 1050)

– 1 TL Meersalz

Für die Füllung

– 1 kleine Schalotte

– 5 g Pflanzenöl

– 500 g grünen Spargel

– 1 TL Rohrohrzucker

– 200 g Crème fraîche

– 200 g Schmand

– 2 Bio-Eier (Größe M)

– Abrieb von ½ Bio-Zitrone

– 15 g Polenta

– Meersalz

– schwarzer Pfeffer

Außerdem

– Kastenform

– Butter für die Form

SO GEHT'S

1 Alle Zutaten für den Teig mit 1 Messbecher kaltem Wasser in den Mixtopf einwiegen und 2 Minuten auf der Teigknetstufe verkneten. Den Teig mit den Händen zu einer Kugel formen und abgedeckt für 30 Minuten in den Kühlschrank geben.

2 Den Teig ausrollen und in eine große oder mehrere kleine gebutterte Tarteformen drücken. Den Teig mit einer Gabel mehrfach einstechen, sodass sich keine Luftblasen beim Backen bilden.

3 Schalotte schälen und im Mixtopf 3 Sekunden/Stufe 6 zerkleinern, mit dem Spatel hinunterschieben und nochmals 3 Sekunden/Stufe 6 zerkleinern. Die Schalotte mit dem Spatel nach unten schieben, Öl zugeben und 5 Minuten/Varoma/Stufe 1 dünsten.

4 Inzwischen den Boden im vorgeheizten Backofen bei 180 °C (Umluft) 10 Minuten auf mittlerer Schiene backen.

5 Den Spargel waschen und die holzigen Enden abbrechen. Die Stangen passend für die jeweilige Auflaufform halbieren oder dritteln. 100 g der unteren Spargelstücke in dünne Scheiben schneiden. Spargelscheiben und Zucker zu der Schalotte in den Mixtopf geben, 5 Minuten/Varoma/Stufe 1 im Linkslauf dünsten.

6 Die restlichen Zutaten für die Füllung in den Mixtopf einwiegen und 15 Sekunden/Linkslauf/Stufe 4 verrühren.

7 Die Füllung in die Form gießen und die restlichen Spargelstücke darauf verteilen. Die Quiche 30 Minuten bei 180 °C Umluft fertig backen.

WRAPS
mit zweierlei Füllung

FÜR 4 WRAPS

Für die Füllung

– 1 Dose Thunfisch (Saft;
   130 g Abtropfgewicht)

– 2 hartgekochte Eier

– 60 g saure Sahne

– 60 g Salatmayonnaise

– ½ Bund gehackter Schnittlauch

– ½ TL Dijonsenf

– Salz

Für die Feta-Füllung

– ½ Bund Petersilie

– 1 Knoblauchzehe

– 200 g Feta

– 70 g getrocknete Tomaten
   (in Öl)

– 40 g schwarze Oliven
   (ohne Stein)

– 70 g Crème fraîche

Außerdem

– 4 Tortillawraps

– Frischhaltefolie

SO GEHT'S

1 Für die Thunfisch-Wraps den Thunfischsaft abgießen, Fisch mit einer Gabel zerrupfen und in den Mixtopf geben. Eier pellen, in den Mixtopf geben und 2 Sekunden/Stufe 4 zerkleinern. Saure Sahne, Mayonnaise, Schnittlauch, Senf und etwas Salz dazugeben und 10 Sekunden/Rückwärtslauf/Stufe 2 vermengen.

2 2 Wraps jeweils auf Frischhaltefolie legen und je mit der Thun-fischmasse bestreichen, darauf achten, dass jeweils an der Aufrollkante am Anfang 1 cm und am Ende 4 cm Platz bleiben. Wraps sehr eng aufrollen, fest in die Frischhaltefolie einwickeln und mindestens 5 Stunden im Kühlschrank durchziehen lassen.

3 Für die Feta-Wraps Petersilienblättchen vom Stängel zupfen, Knoblauch schälen. Beides in den Mixtopf geben, 3 Sekunden/Stufe 8 zerkleinern. Feta in groben Stücken hinzufügen, 8 Sekun-den/Stufe 4 zerkleinern und umfüllen. Tomaten und Oliven in den Mixtopf einwiegen und 10 Sekunden/Stufe 4 zerkleinern.

4 2 Wraps jeweils auf Frischhaltefolie legen, je mit der Hälfte der Crème fraîche, dem Tomaten-Oliven-Gemisch und der Feta-Masse bestreichen. Darauf achten, dass jeweils an der Aufroll-kante am Anfang 1 cm und am Ende 4 cm Platz bleiben. Wraps sehr eng aufrollen, fest in die Frischhaltefolie einwickeln und min-destens 5 Stunden im Kühlschrank durchziehen lassen.

5 Wraps mit einem scharfen Messer halbieren.

GYROSSUPPE
mit Paprika

FÜR 4 PORTIONEN

- je 1 rote und gelbe Paprika
- 250 g Champignons
- 1 Knoblauchzehe
- 2 rote Zwiebeln
- 20 g neutrales Speiseöl plus 1 EL zum Braten
- 1 Dose stückige Tomaten (400 g)
- 100 g Kräuterschmelzkäse
- Salz
- 1 TL Oregano
- 500 g Gyrosgeschnetzeltes
- 200 g Sahne

SO GEHT'S

1 Paprika halbieren, putzen und in Streifen schneiden, sodass sie ungefähr die Größe der Gyrosstreifen haben. Champignons putzen, in Scheiben schneiden, größere Champignons halbieren, Gemüse beiseitestellen.

2 Knoblauch und Zwiebeln schälen. Knoblauch in den Mixtopf geben und 3 Sekunden/Stufe 8 zerkleinern. Zwiebeln dazugeben, 4 Sekunden/Stufe 5 zerkleinern und mit dem Spatel nach unten schieben. Öl hinzuwiegen und 3 Minuten/Varoma/Stufe 1 dünsten. Gemüse hinzugeben und 4 Minuten/Varoma/Stufe 1/Rückwärtslauf andünsten.

3 Tomaten in den Mixtopf geben, 150 g Wasser einwiegen, Schmelzkäse dazugeben, 2 TL Salz, Oregano hinzufügen und 18 Minuten/100 °C/Rückwärtslauf/Sanftrührstufe kochen.

4 In der Zwischenzeit Öl in der Pfanne erhitzen, Gyrosgeschnetzeltes braun durchbraten und mit der Sahne ablöschen, kurz aufkochen lassen, in den Mixtopf zu den übrigen Zutaten geben und 1 Minute/100 °C/Rückwärtslauf/Sanftrührstufe erhitzen.

TIPP

Hierzu passt ein leckeres, knuspriges Baguettebrot.

Tomato-
MEATBALLS

FÜR 4 PORTIONEN

Für die Meatballs

– 1 altbackenes Brötchen

– 1 Zwiebel

– 500g Hackfleisch

– 1 Ei (Größe M)

– Salz

– 1½ TL Oregano

– 70g mittelalter Gouda (Stück)

Für das Gemüse

– 1 Zucchini

– je 1 rote und gelbe Paprika

– 250g Champignons

Für die Sauce

– 1 Dose stückige Tomaten (400 g)

– 40g Tomatenmark

– 100g Schmand

– 20g Sojasauce

– frisch geriebene Muskatnuss

– ½ TL Paprikapulver

– 1 TL Majoran

– 10g Mehl (Type 405)

SO GEHT'S

1 Brötchen in Wasser einweichen. Zwiebel schälen, halbieren, in den Mixtopf geben und 4 Sekunden/Stufe 5 zerkleinern. Hackfleisch, Ei, 1½ TL Salz, Oregano und das weiche, gut ausgedrückte Brötchen dazugeben, 40 Sekunden/Teigstufe verkneten und umfüllen. Mixtopf spülen.

2 Gouda in 14 kleine Würfel schneiden. Aus der Hackfleischmasse 14 Bällchen formen und den Käse sorgfältig einarbeiten. Die Hackbällchen auf den Varomaeinlegeboden legen und im Kühlschrank aufbewahren.

3 Gemüse waschen und putzen. Zucchini in Scheiben hobeln, Paprika in Würfel und Champions in Scheiben schneiden. Gemüse in den Varoma legen.

4 Tomaten und 50 g Wasser in den Mixtopf geben. Varoma aufsetzen, Varomaeinlegeboden aus dem Kühlschrank nehmen und in den Varoma einsetzen, Varoma verschließen. Gargut 25 Minuten Varoma /Stufe 1 garen.

5 Varoma beiseitestellen. Tomatenmark, Schmand, Sojasauce, Muskatnuss, Paprika, Majoran und Mehl in den Mixtopf geben, 10 Sekunden/Stufe 4 vermengen. Sauce 3 Minuten/100 °C/Stufe 2 aufkochen und direkt mit Hackbällchen und Gemüse servieren.

TIPP

Variieren Sie das Gemüse, wie es Ihrer Familie am besten schmeckt. Sie können es auch nebeneinander in den Varoma legen, sodass jeder sein Lieblingsgemüse bekommt.

SCHWEINEFILET
mit Steinpilz-Käsefondue

FÜR 4 PORTIONEN

Für das Fleisch

- 15g getrocknete Steinpilze
- 200g Buttermilch
- 250g Bergkäse
- 150g Gruyère
- 2 Knoblauchzehen
- 20g Mehl (Type 405)
- 100g Frischkäse
- Salz
- Pfeffer
- 800g Schweinefilet
- 2 EL Öl zum Braten

SO GEHT'S

1 Steinpilze mit einem Messer etwas zerkleinern, in eine Schüssel geben, Buttermilch dazuwiegen und für etwa 1 Stunde einweichen.

2 Bergkäse und Gruyère in kleineren Stücken in den Mixtopf geben, 10 Sekunden/Stufe 8 zerkleinern und umfüllen.

3 Knoblauch schälen, in den Mixtopf geben, 3 Sekunden/Stufe 8 zerkleinern und mit dem Spatel nach unten schieben. Die Buttermilch mit den Steinpilzen und dem Mehl hinzufügen, 4 ½ Minuten/100 °C/Stufe 3 erhitzen.

4 Frischkäse hinzufügen und 1 Minute/100 °C/Stufe 3 erhitzen. Käse hinzufügen und 3 Minuten/90 °C/Stufe 3 erhitzen. Abschmecken und bei Bedarf etwas nachsalzen.

5 Backofen auf 200 °C (Umluft) vorheizen.

6 Schweinefilet in 3 cm dicke Scheiben schneiden. Öl in einer Pfanne erhitzen und die Schweinefiletscheiben von beiden Seiten je 2 ½ Minuten scharf anbraten, mit Salz und Pfeffer würzen. Pfanne von der heißen Herdplatte ziehen.

7 Schweinefilet in eine Auflaufform geben. Fonduemasse in die noch heiße Pfanne geben, den Bratensatz lösen und die Fonduemasse über das Schweinefilet geben. Im Backofen auf der zweiten Schiene von unten 15 Minuten gratinieren.

TIPP

Um das Gericht zu vervollständigen, können Sie frisches Baguette und einen Feldsalat mit Balsamico-Dressing dazu servieren.

SPARGEL-
Lasagne

FÜR 4 PORTIONEN

– 50 g Parmesan

Für die Lasagne

– 300 g Mehl (Type 00)

– 3 Eier (Größe M)

– Salz

– 2 EL Olivenöl

– 700 g Spargel

– Salz und Zucker

Für die Béchamel-sauce

– 40 g Butter

– 50 g Mehl (Type 405)

– 200 g Sahne

– 300 g Milch

– 2 geh. TL Gemüsebrühe (Pulver)

– frisch geriebene Muskatnuss

– 200 g gekochter Schinken

Außerdem

– Auflaufform

– Nudelmaschine (falls vorhanden)

SO GEHT'S

1 Parmesan in Stücken in den Mixtopf geben, 10 Sekunden/Stufe 10 zerkleinern und umfüllen.

2 Mehl, Eier, 1 EL Wasser, 1 TL Salz und Olivenöl in den Mixtopf geben und 3 Minuten / Teigstufe verkneten. Aus dem Mixtopf nehmen, zu einer Kugel formen und unter einem Küchenhandtuch bis zur weiteren Verarbeitung ruhen lassen. Mixtopf spülen.

3 Spargel schälen und in den Varoma einschichten. 500 g Wasser, je 1 TL Salz und Zucker in den Mixtopf geben und 25 Minuten/Varoma/Stufe 1 garen. Varoma beiseitestellen und das Garwasser in einem Behälter auffangen.

4 Butter in den Mixtopf geben und 2 Minuten/100 °C/Stufe 1 erhitzen. Mehl hinzufügen und 30 Sekunden/100 °C/Stufe 2 anschwitzen. 300 g der aufgefangenen Garflüssigkeit, Sahne, Milch, Brühe und Muskatnuss hinzufügen. 3 Minuten/100 °C/Stufe 2 aufkochen, danach 15 Minuten/90 °C/Stufe 2 garen, weitere 5 Minuten/100 °C/Stufe 3 kochen.

5 In der Zwischenzeit Nudelteig auf einer bemehlten Arbeitsfläche dünn ausrollen oder Lasagneplatten mit einer Nudelmaschine herstellen. Backofen auf 175 °C (Umluft) vorheizen.

6 Béchamelsauce auf den Boden einer Auflaufform gießen, sodass dieser bedeckt ist, mit Lasagneplatten belegen, Spargel und Schinken gleichmäßig darauf verteilen, mit Sauce bedecken, diesen Vorgang wiederholen und mit Nudelplatten abschließen. Die restliche Sauce darübergießen. Lasagne im heißen Backofen (unten) 40 Minuten garen, mit Parmesan servieren.

TIPP

Achten Sie darauf, dass die oberste Schicht Nudeln genügend Sauce abbekommt, da sie am meisten Flüssigkeit aufsaugen wird. Wenn es schnell gehen muss, können Sie auch fertige Lasagneplatten verwenden, die Sie dann allerdings vorkochen müssen!

HÄHNCHEN
in Pestosauce

FÜR 4 PORTIONEN

Für die Pestosauce

- 60g Parmesan
- 50g getrocknete Tomaten
- 20g Sonnenblumenkerne
- 1 Knoblauchzehe
- 30g Olivenöl
- 200g Milch

Für die Hähnchen-pfanne

- 500g Hähnchengeschnet-zeltes
- 1 TL Salz
- 400g Zuckerschoten
- 10g Butter
- 500g Schupfnudeln (Kühlregal)
- 200g Sahne (zimmerwarm)

SO GEHT'S

1 Backofen auf 180 °C (Umluft) vorheizen.

2 Für die Pestosauce Parmesan in grobe Stücke schneiden, in den Mixtopf einwiegen, 10 Sekunden/Stufe 10 zerkleinern und umfüllen. Tomaten, Sonnenblumenkerne und geschälten Knoblauch in den Mixtopf geben und 5 Sekunden/Stufe 8 zerkleinern. Parmesan dazugeben und 5 Sekunden/Stufe 4 vermengen. Olivenöl in den Mixtopf einwiegen und 15 Sekunden/Stufe 4 verrühren. Milch da-zugeben und 20 Sekunden /Stufe 3 untermengen.

3 Hähnchengeschnetzeltes in eine Auflaufform geben und mit der Pestosauce vermischen. Auflaufform in den heißen Backofen ge-ben und das Geschnetzelte 40 Minuten garen, nach 20 Minuten einmal umrühren.

4 15 Minuten vor Ende der Garzeit 500 g Wasser und 1 TL Salz in den gespülten Mixtopf geben; Zuckerschoten waschen, in den Varomabehälter legen, diesen auf den Mixtopfdeckel aufsetzen und 12 Minuten/Varoma/ Stufe 1 wählen.

5 Währenddessen Butter in einer Pfanne zerlassen und die Schupfnudeln darin leicht braun anbraten. Form aus dem Ofen nehmen, Sahne unter das heiße Fleisch rühren, eventuell mit Salz abschmecken. Schupfnudeln mit dem Hähnchengeschnetzelten vermengen und sofort mit den Zuckerschoten servieren.

TIPP

Wenn Sie keine frischen Zuckerschoten bekommen können, nehmen Sie tiefgefrorene. Diese tauen Sie auf und legen sie in den Varomabehälter. Die Garzeit beträgt dann 8 Minuten/Varoma Stufe 1.

Mediterraner
NUDELTOPF
mit Sucuk

FÜR 4 PORTIONEN

- 1 große Zwiebel

- 30 g neutrales Speiseöl

- 1 kleine rote Paprika

- 1 kleine gelbe Paprika

- 2 Zucchini à 250 g

- 250 g Sucuk (türkische Knoblauchwurst)

- 1 Dose stückige Tomaten (400 g)

- Salz und Zucker

- 500 g Fettuccine (Kühlregal)

- ½ Bund Basilikum

SO GEHT'S

1 Zwiebel schälen, halbieren, in den Mixtopf geben und 4 Sekunden/Stufe 5 zerkleinern. Öl in den Mixtopf einwiegen.

2 Gemüse waschen, Paprika putzen, in mundgerechte Stücke schneiden, Zucchini in 1,5 cm dicke Scheiben schneiden, diese dann in Sechstel teilen. Sucuk von der Pelle befreien, in 1 x 1 cm große Stücke würfeln und alles in den Mixtopf geben.

3 Alles 4 Minuten/Varoma/Rückwärtslauf/Stufe 1 andünsten.

4 Tomaten und je 1 TL Salz und Zucker hinzufügen und 12 Minuten/100 °C/Rückwärtslauf/Sanftrührstufe garen.

5 Fettuccine auseinanderziehen und mit dem Spatel vorsichtig, aber gründlich unter das Gemüse heben und 4 Minuten/100 °C/Rückwärtslauf/Stufe 1 aufkochen.

6 In der Zwischenzeit Basilikum waschen, trocken schütteln, Blättchen vom Stängel zupfen und am Ende der Kochzeit mit dem Spatel unterrühren. Eintopf sofort servieren.

TIPP

Servieren Sie frisch geriebenen Parmesan zu diesem Nudeltopf.

SCHWEINEFILET
im Speckmantel

FÜR 4 PORTIONEN

– 2 große Schalotten (80 g)

– 20 g Olivenöl

– 500 g Champignons

– 800 g Schweinefilet

– 12 Scheiben Schwarz-
wälder Schinken

Für die Sauce

– 300 g Sahne

– ½ TL dänisches Rauchsalz

– 1 TL Pimentón de la Vera

– 30 g Tomatenmark

– 20 g Mehl (Type 405)

Außerdem

– Auflaufform

SO GEHT'S

1 Schalotten schälen, halbieren, in den Mixtopf geben und 4 Sekunden / Stufe 5 zerkleinern. Öl hinzuwiegen, Champignons putzen, in Scheiben schneiden und dazugeben. 12 Minuten / Varoma / Rückwärtslauf / Sanftrührstufe ohne Messbecher dünsten.

2 In der Zwischenzeit Schweinefilet in 3 cm dicke Scheiben schneiden, jeweils mit 1 Scheibe Schinken umwickeln und in eine Auflaufform legen. Gegarte Pilze darübergeben.

3 Backofen auf 160 °C (Umluft) vorheizen.

4 Sahne, Rauchsalz, Pimentón de la Vera, Tomatenmark und Mehl in den Mixtopf geben, 10 Sekunden / Stufe 4 verquirlen. Sauce 3 ½ Minuten / 100 °C / Stufe 1 aufkochen und über Fleisch und Pilze geben. Für 1 Stunde im heißen Backofen (Mitte) garen.

TIPP

Dieses Rezept eignet sich perfekt für eine Party. Sie können es wunderbar einen Tag vorher vorbereiten, und die Menge lässt sich problemlos vervielfachen! Am besten passen selbst gemachte Spätzle oder Nudeln dazu.

Gefüllter

HOKKAIDO-KÜRBIS

FÜR 4 PORTIONEN

- 2 Hokkaido-Kürbisse
- 100 g irischer Cheddar
- 125 g Maronen (küchenfertig)
- Salz
- 160 g Parboiled Reis
- 1 Zwiebel
- 20 g neutrales Speiseöl
- 200 g Geflügelfond
- ½ TL Currypulver
- 1 Msp. gemahlener Kardamom
- 2 Msp. gemahlener Koriander
- 2 Msp. gemahlener Zimt
- 2 Msp. gemahlener Ingwer
- ½ TL gemahlene Kurkuma
- 20 g Mehl (Type 405)
- 70 g Frischkäse

SO GEHT'S

1 Backofen auf 180 °C (Umluft) vorheizen.

2 Kürbisse waschen, je längs halbieren, Kerne und Fasern mit einem großen Löffel entfernen, mit der Schnittfläche nach oben in eine Auflaufform legen, in den Backofen schieben und auf mittlerer Schiene 40 Minuten garen. Falls die Kürbisse zu braun werden, mit Alufolie abdecken.

3 In der Zwischenzeit Cheddar in den Mixtopf geben und 6 Sekunden/Stufe 7 zerkleinern, umfüllen. Maronen in den Mixtopf einfüllen, 4 Sekunden/Stufe 4 zerkleinern und umfüllen.

4 1200 g Wasser und 1 TL Salz in den Mixtopf geben und den Gareinsatz einhängen. Reis einwiegen und 28 Minuten/100 °C/Stufe 1 garen. Gareinsatz herausnehmen, beiseitestellen und Mixtopf leeren.

5 Zwiebel schälen, halbieren, in den Mixtopf geben und 5 Sekunden/Stufe 5 zerkleinern. Öl dazugießen und 2 Minuten/Varoma/Stufe 1 andünsten. Geflügelfond, Gewürze, 1/2 TL Salz, Mehl und Frischkäse dazugeben, 10 Sekunden/Stufe 5 vermengen. Die Sauce 3 ½ Minuten/100 °C/Stufe 2 aufkochen. Reis und Maronen zu der Sauce geben und 10 Sekunden/Rückwärtslauf/Stufe 2 untermengen.

6 Auflaufform aus dem Ofen nehmen und die Kürbisse mit dem Reisgemisch gleichmäßig füllen. Cheddar über die Füllung streuen. Auflaufform in den Backofen (Mitte) schieben und weitere 10 Minuten überbacken.

TIPP

Machen Sie das Gericht im Handumdrehen vegetarisch, indem Sie den Geflügelfond durch Gemüsefond ersetzen!

LACHSSUPPE

mit Lauch

FÜR 4 PORTIONEN

- 600 g festkochende Kartoffeln
- 1 Möhre
- 2 dünne Stangen Lauch
- 1 große Zwiebel
- 400 g Fischfond
- 200 g Sahne
- 300 g Lachsfilet
- 10 g Dillspitzen
- Salz

SO GEHT'S

1 Kartoffeln schälen und in Würfel schneiden (1 x 1 cm), Möhre schälen und in dünne Scheiben hobeln (3 mm), Lauch putzen, gut waschen, in Scheiben hobeln (½ cm) und bereithalten.

2 Zwiebel schälen, halbieren, in den Mixtopf geben und 5 Sekunden/Stufe 5 zerkleinern, mit dem Spatel nach unten schieben. Fischfond, 200 g Wasser, Kartoffeln und Möhren hinzugeben und 12 Minuten/100 °C/Rückwärtslauf/Stufe 1 kochen. Lauch dazugeben und 8 Minuten/100 °C/Rückwärtslauf/Sanftrührstufe weiterkochen.

3 Sahne, Lachsfilet, Dill und 1 TL Salz hinzufügen und 4 ½ Minuten/100 °C/Rückwärtslauf/Sanftrührstufe garen.

TIPP

Servieren Sie frisches Stangenweißbrot zu dieser wohlschmeckenden Suppe.

LACHSFILET
mit Kartoffelhaube

FÜR 4 PORTIONEN

Für den Lachs

– Salz

– 600 g festkochende
  Kartoffeln

– 1 Ei (Größe M)

– 30 g Senf

– 20 g Milch

– 20 g Butter

– frisch geriebene Muskatnuss

– 4 frische Lachsfilets
  (à 150 g)

– 1 Eigelb, verquirlt

Für das Gemüse

– 1 kg Lauch

– 100 g saure Sahne

– Salz

– frisch geriebene Muskatnuss

Außerdem

– 1 Garnierspritze oder
  Spritzbeutel mit Tülle

SO GEHT'S

1 600 g Wasser und 1 TL Salz in den Mixtopf geben, Gareinsatz einhängen, Kartoffeln schälen, vierteln, in den Gareinsatz geben und 25 Minuten / Varoma / Stufe 1 garen.

2 In der Zwischenzeit Lauch putzen, gut waschen, in dünne Ringe (etwa 0,5 cm) schneiden und in den Varoma einlegen.

3 Kartoffeln am Ende der Garzeit aus dem Gareinsatz nehmen, Mixtopf leeren und die heißen Kartoffeln in den Mixtopf umfüllen. Ei, Senf, Milch, Butter, Muskatnuss und etwas Salz dazugeben, in 30 Sekunden / Stufe 3 zu einem Püree verarbeiten.

4 Backofen auf 180 °C (Umluft) vorheizen. Lachsfilets waschen, trocken tupfen, salzen und auf ein mit Backpapier ausgelegtes Backblech legen.

5 Garnierspritze mit einer Tülle mit größerer Öffnung bestücken, Püree einfüllen und die Lachsfiletstücke einzeln mit dem Püree garnieren. Mit verquirltem Eigelb bestreichen und im Backofen 18 Minuten backen. Mixtopf spülen.

6 In der Zwischenzeit 400 g Wasser in den Mixtopf geben und verschließen, Varoma aufsetzen, Lauch 12 Minuten / Varoma / Stufe 1 garen.

7 Garwasser aus dem Mixtopf entfernen, saure Sahne, ½ TL Salz, etwas geriebene Muskatnuss und gegarten Lauch in den Mixtopf geben und 15 Sekunden / Rückwärtslauf / Stufe 2 verrühren, zu dem Lachsfilet servieren.

Bandnudeln
MIT GARNELEN
und Spinat

FÜR 2 PORTIONEN

- 1 geh. TL Hühnerbrühe (Pulver)
- 1 Stängel Zitronengras
- 500 g Tagliatelle (Kühlregal)
- 150 g Crème fraîche
- ½ TL Currypulver
- gemahlener Ingwer
- 2 Msp. gemahlener Koriander
- 100 g Babyspinat
- 200 g Garnelen (küchenfertig)

SO GEHT'S

1 200 g Wasser in den Mixtopf geben, Hühnerbrühe zufügen, Zitronengras in 4 gleich große Teile schneiden und hinzugeben.

2 Tagliatelle locker in den Varoma legen, Varoma schließen, aufsetzen und Nudeln 10 Minuten/Varoma/Rückwärtslauf/Stufe 1 garen.

3 Varoma beiseitestellen. Zitronengras aus dem Mixtopf entfernen. Crème fraîche, Currypulver, 3 Prisen Ingwer und Koriander hinzugeben und 2 Minuten/100 °C/Stufe 2 aufkochen.

4 Babyspinat und Garnelen waschen. Spinat in den Mixtopf geben und 45 Sekunden/90 °C/Rückwärtslauf/Stufe 1 erwärmen. Nudeln und Garnelen hinzufügen, 1 Minute/90 °C/Rückwärtslauf/Stufe 1 erhitzen und sofort servieren.

BOHNEN
mit Limettensauce und Räucherlachs

FÜR 4 PORTIONEN

- 1 Bund Frühlingszwiebeln
- 500 g frische Grüne Bohnen
- 30 g Butter
- 1 TL dänisches Rauchsalz
- Saft von 2 großen Limetten
- 500 g Fettuccine (Kühlregal)
- 150 g Sahne
- 200 g Räucherlachs

SO GEHT'S

1 Frühlingszwiebeln putzen, in kleine Ringe schneiden, Bohnen putzen und halbieren.

2 Butter und Frühlingszwiebeln in den Mixtopf geben und 3 Minuten/Varoma/Rückwärtslauf/Stufe 1 anschwitzen.

3 Bohnen hinzugeben und 6 Minuten/Varoma/Rückwärtslauf/Sanftrührstufe andünsten. 80 g Wasser, Rauchsalz und Limettensaft hinzufügen und 7 Minuten/100 °C/Rückwärtslauf/Sanftrührstufe garen.

4 Fettuccine etwas auseinanderziehen, in den Mixtopf geben, Sahne und 100 g Wasser darübergießen, vorsichtig unterheben und 5 Minuten/100 °C/Rückwärtslauf/Sanftrührstufe weitergaren.

5 In der Zwischenzeit Lachs in Streifen schneiden. Mixtopfinhalt in eine große Schüssel geben und Räucherlachs unterheben. Sofort servieren.

TIPP

Nehmen Sie zum Unterheben der Nudeln in Schritt 4 zwei Kochlöffel zu Hilfe, dann funktioniert es besser.

BLUMENKOHL-
Süßkartoffel-Curry

FÜR 4 PORTIONEN

– 40 g Butter

– 1 Bund Frühlingszwiebeln

– 1 Dose Kokosmilch (400 g)

– 1 TL Speisestärke

– 2 TL Currypulver

– ½ TL Ras el Hanout

– ⅓ TL gemahlener Kreuz-
  kümmel

– ⅓ TL gemahlener Ingwer

– Salz

– Zucker

– 450 g Süßkartoffeln

– 600 g Blumenkohl

SO GEHT'S

1 Butter in den Mixtopf geben und 1 Minute / 100 °C / Stufe 1 schmelzen. Frühlingszwiebeln putzen, in 3 cm lange Stücke schneiden, dazugeben und 2 Minuten / Varoma / Rückwärts-lauf / Stufe 1 andünsten.

2 Kokosmilch, Speisestärke, Currypulver, Ras el Hanout, Kreuz-kümmel, Ingwer, 2 TL Salz und 1 EL Zucker in den Mixtopf geben und 3 Minuten / 100 °C / Rückwärtslauf / Stufe 1 erhitzen.

3 Süßkartoffeln schälen, und in Würfel schneiden. Blumenkohl waschen, in Röschen teilen. Beides hinzugeben und 12 Minuten / 100 °C / Rückwärtslauf / Stufe 1 garen.

TIPP

Zu diesem Curry passt gebratene Hähnchenbrust hervorragend. Servieren Sie dieses Curry ohne Fleischbeilage, so reicht es für drei Personen. Wenn Sie die Butter durch Speiseöl ersetzen, haben Sie eine vegane Mahlzeit.

GRÜNKOHLEINTOPF

Indian Style

FÜR 4 PORTIONEN

– 10 g Ingwer

– 2 große Zwiebeln

– 20 g neutrales Speiseöl

– 2 TL Currypulver

– 1 kg TK-Grünkohl (aufge-
taut und ausgedrückt)

– 1 Dose Kokosmilch (400 g)

– Salz

– 500 g Süßkartoffeln

SO GEHT'S

1 Ingwer und Zwiebeln schälen. Ingwer in den Mixtopf geben und 3 Sekunden/Stufe 8 zerkleinern. Zwiebeln hinzufügen und 5 Sekunden/Stufe 5 zerkleinern, mit dem Spatel nach unten schieben. Öl und Currypulver hinzugeben und ohne Messbecher 4 Minuten/100 °C/Stufe 1 anschwitzen.

2 Grünkohl hinzufügen und 3 Minuten/Varoma/Rückwärts-lauf/Stufe 1 andünsten. Kokosmilch und 2 TL Salz hinzufügen und 15 Minuten/100 °C/Rückwärtslauf/Sanftrührstufe kochen.

3 In der Zwischenzeit Süßkartoffeln schälen und in 1½ x 1½ cm große Würfel schneiden. Süßkartoffeln und 200 g Wasser in den Mixtopf geben und 22 Minuten/100 °C/Rückwärtslauf/Sanft-rührstufe weitergaren.

TARTELETTES
mit dreierlei Käse

FÜR 8 STÜCK

- 100g mittelalter Gouda
- 50g Parmesan
- 100g Schmand
- 2 Eier (Größe M)
- 1 Rolle Blätterteig (Kühlregal)
- 100g Gorgonzola

Außerdem

- 8 Tarteletteformen (Durchmesser ca. 9 cm)

SO GEHT'S

1 Gouda in den Mixtopf geben, 6 Sekunden/Stufe 7 zerkleinern und umfüllen.

2 Parmesan in den Mixtopf geben und 10 Sekunden/Stufe 10 zerkleinern. Schmand und Eier hinzufügen und 10 Sekunden/Stufe 3 vermengen.

3 Backofen auf 180 °C Umluft vorheizen.

4 Blätterteig ausrollen, 8 Kreise im Durchmesser von etwa 11 cm ausschneiden und die Tarteletteformen damit auskleiden. Formen auf ein Backblech geben.

5 Schmandcreme gleichmäßig in die Förmchen verteilen, mit Gouda bestreuen. Gorgonzola in kleine Würfel schneiden und auf die Füllung geben.

6 Backblech in den Backofen auf die zweite Schiene von unten geben, Tartelettes 20 Minuten backen und lauwarm servieren.

Schmor-
GURKENTOPF

FÜR 4 PORTIONEN

- 2 große Salatgurken
- 800 g festkochende Kartoffeln
- 8 getrocknete Tomaten
- 2 große Zwiebeln
- 30 g Öl
- 125 g Frischkäse
- Salz
- 20 g Tomatenmark

SO GEHT'S

1 Gurken schälen, halbieren, entkernen und in 1½ cm dicke Scheiben schneiden, in eine Schüssel geben. Kartoffeln schälen, in 1½ x 1½ cm große Würfel schneiden und in einer separaten Schüssel bereithalten.

2 Tomaten in den Mixtopf geben und 15 Sekunden/Stufe 10 zerkleinern. Zwiebeln schälen, halbieren, hinzufügen und 4 Sekunden/Stufe 4 zerkleinern, mit dem Spatel nach unten schieben. Öl und Kartoffeln hinzugeben, 4 Minuten/Varoma/Rückwärtslauf/Stufe 1 andünsten.

3 200 g Wasser hinzufügen und 4 Minuten/100 °C/Rückwärtslauf/Stufe 1 kochen. Gurken dazugeben und weitere 14 Minuten/100 °C/Rückwärtslauf/Sanftrührstufe garen.

4 Frischkäse, 1 TL Salz und Tomatenmark hinzufügen und 4 Minuten/100 °C/Rückwärtslauf/Sanftrührstufe erhitzen.

TIPP

Zum Gurkentopf passen perfekt gebratener Fisch oder auch Fischstäbchen.

Alm
SÜPPCHEN

FÜR 4 PORTIONEN

- 150 g Gruyère
- 400 g Kartoffeln
- 150 g Möhren
- 1 Zwiebel
- 30 g Butter
- 150 g TK-Erbsen
- 550 g Milch
- 1 TL Gemüsebrühe (Pulver)

SO GEHT'S

1 Gruyère in den Mixtopf geben, 10 Sekunden/Stufe 6 zerkleinern und umfüllen.

2 Kartoffeln schälen und in 1 x 1 cm große Würfel schneiden, Möhren schälen und in 3 mm dicke Scheiben hobeln.

3 Zwiebel schälen, halbieren, in den Mixtopf geben und 5 Sekunden/Stufe 5 zerkleinern, mit dem Spatel nach unten schieben. Butter hinzufügen und 2 Minuten/Varoma/Stufe 1 andünsten.

4 Kartoffeln, Möhren und Erbsen hinzugeben. Milch und 250 g Wasser einwiegen, Gemüsebrühe dazugeben und 22 Minuten/100 °C/Rückwärtslauf/Sanftrührstufe garen.

5 Geriebenen Käse auf die Suppenteller verteilen, die heiße Suppe darübergießen und sofort servieren.

TIPP

Bieten Sie zu dieser Suppe frisches Baguette an.

HEIDELBEER-

Trifle

FÜR 6 PORTIONEN

Für die Streusel

– 45g Walnusskerne

– 50g Mehl (Type 405)

– 60g Zucker

– gemahlener Zimt

– Salz

– 30g kalte Butter

Für die Creme

– 60g Zucker

– 200g gekühlte Schlagsahne

– 250g Mascarpone

– 75g Vanillejoghurt

– Mark von 1 Vanilleschote

Außerdem

– 200g frische Heidelbeeren

– 6 Portionsgläser

SO GEHT'S

1 Backofen auf 180 °C (Umluft) vorheizen.

2 Für die Streusel die Walnusskerne in den Mixtopf geben und 6 Sekunden/Stufe 10 zerkleinern, Mehl, Zucker, 1 Prise Zimt, 1 Prise Salz und Butter hinzugeben und 2 Minuten/ Knetstufe verkneten. Die Streusel aus dem Mixtopf holen und auf ein mit Backpapier ausgelegtes Backblech geben. Streusel eventuell noch etwas nach-formen, damit auch größere Streusel entstehen, und etwa 10 Mi-nuten (Mitte) im heißen Backofen goldgelb backen. Mixtopf spülen.

3 Während der Backzeit Zucker in den Mixtopf geben, 10 Sekun-den/Stufe 10 pulverisieren und umfüllen. Sahne in den Mixtopf geben, auf Stufe 3 steif schlagen und umfüllen.

4 Mascarpone, pulverisierten Zucker, Joghurt und Vanillemark in den Mixtopf geben, 20 Sekunden/Stufe 3 vermengen, Sahne mit dem Spatel vorsichtig unterheben.

5 Heidelbeeren verlesen, waschen und trocken tupfen.

6 Pro Glas 1 EL Streusel einfüllen, eine Schicht Heidelbeeren darüber geben, mit Mascarponecreme bedecken, das Ganze einmal wiederholen und abschließend mit Heidelbeeren verzieren.

TIPP

Wenn es schnell gehen soll, schichten Sie das Dessert einfach in eine große Schüssel ein.

Cremiges

VANILLEEIS

FÜR 4 PORTIONEN

- 2 Vanilleschoten
- 120g Zucker
- 250g Crème double
- 500g Milch
- 4 Eigelb

Außerdem

- Eiswürfelbehälter

SO GEHT'S

1 Die Vanilleschoten der Länge nach aufschneiden und das Mark herauskratzen, zusammen mit dem Zucker in den Mixtopf geben und 10 Sekunden / Stufe 10 pulverisieren. Crème double, Milch und Eigelbe hinzugeben und 8 Minuten / 70 °C / Stufe 4 erhitzen.

2 Die Masse in Eiswürfelbehälter gießen, abkühlen lassen, in ein Gefrierfach geben und mindestens 24 Stunden gefrieren lassen.

3 Die Eiswürfel nach Bedarf aus dem Eiswürfelbehälter holen, höchstens ein Drittel der kompletten Masse pro Arbeitsgang in den Mixtopf geben und bei Stufe 10 zu einem cremigen Eis pürieren. Zwischendurch den Mixtopf öffnen, Eis mit dem Spatel nach unten schieben und testen, ob sich die Eiskristalle komplett gelöst haben, dann ist das Eis fertig.

Warmer
PFLAUMEN-
CRUMBLE

FÜR 4 PORTIONEN

Für die Streusel

- 90 g gemahlene Mandeln
- 100 g Mehl (Type 405)
- 120 g Zucker
- ½ TL gemahlener Zimt
- Salz
- 100 g kalte Butter

Außerdem

- 800 g Pflaumen
- flüssiger Honig
- 12 hitzebeständige Gläser à 150 ml

SO GEHT'S

1 Für die Streusel die Mandeln, Mehl, Zucker, Zimt, 1 Prise Salz und Butter in Stückchen in den Mixtopf geben und 2 Minuten/Knetstufe verkneten.

2 Pflaumen waschen, entsteinen, vierteln und gleichmäßig auf die Gläser aufteilen. Backofen auf 180 °C (Umluft) vorheizen.

3 Pflaumen mit Honig benetzen. Streusel aus dem Mixtopf holen, mit den Fingern noch etwas nacharbeiten, sodass etwas größere Streusel entstehen, und auf die Gläser verteilen.

4 Crumble im unteren Drittel des Backofens 20–25 Minuten backen, etwas abkühlen lassen und lauwarm servieren.

TIPP

Eine Kugel cremiges Vanilleeis passt perfekt zu dieser Süßspeise. Ein Rezept finden Sie auf Seite 58.

MOKKA-
Panna cotta

FÜR 4 PORTIONEN

– 3 Blätter weiße Gelatine

– 400g Schlagsahne

– 100g Mascarpone

– 40g Zucker

– Mark von 1 Vanilleschote

– 2 TL löslicher Kaffee

– 1 Kapsel Kardamom

Außerdem
– Schokokaffeeböhnchen

SO GEHT'S

1 Gelatine nach Packungsangabe einweichen.

2 In der Zwischenzeit Sahne, Mascarpone, Zucker, Vanillemark und löslichen Kaffee in den Mixtopf geben, Kardamomkapsel zerdrücken, Samen herausholen und ebenfalls in den Mixtopf geben. Masse 7 Minuten/100 °C/Stufe 3 aufkochen.

3 Thermomix auf 1 Minuten/Stufe 3 einstellen, eingeweichte und ausgedrückte Gelatine durch die Deckelöffnung dazugeben.

4 Masse durch ein kleines Sieb in 4 Portionsgläschen gleichmäßig verteilen, abkühlen lassen und mindestens 4 Stunden im Kühlschrank kühlstellen.

5 Mit Schokokaffeeböhnchen garnieren und servieren.

IMPRESSUM

Bibliografische Information der Deutschen Bibliothek.

Die Deutsche Bibliothek verzeichnet diese Publikation in der Deutschen Nationalbibliografie.

Detaillierte bibliografische Daten sind im Internet über http://www.dnb.de/ abrufbar.

EIN BUCH DER EDITION MICHAEL FISCHER

1. Auflage 2021

© 2021 Edition Michael Fischer GmbH, Donnersbergstr. 7, 86859 Igling

Reihengestaltung: Yvonne Witzan
Satz: Emilia Ruppel
Projektleitung und Lektorat: Lena Buch

Rezepte und Texte: alle Daniela Behr, außer S. 18: Heike Niemöller, S. 6–9: Guido Schmelich

Fotos: alle Guido Schmelich (Holzkirchen b. München), außer S. 19: Heike Niemöller

ISBN 978-3-7459-0741-4

Gedruckt bei Polygraf Print, Čapajevova 44, 08001 Prešov, Slowakei

www.emf-verlag.de